LE NOUVEAU PARIS

QU'EST-CE DONC QUE

LA COMMUNE ?

DÉFINITION POLITIQUE ET HISTORIQUE

PAR

M. JULES LE BERQUIER

PARIS

E. LACHAUD, LIBRAIRE-ÉDITEUR

4, PLACE DU THÉATRE-FRANÇAIS, 4.

1871

LE NOUVEAU PARIS

QU'EST-CE DONC QUE

LA COMMUNE?

DÉFINITION POLITIQUE ET HISTORIQUE

PAR

M. JULES LE BERQUIER

PARIS

E. LACHAUD, LIBRAIRE-ÉDITEUR

4, PLACE DU THÉATRE-FRANÇAIS, 4

—

1871

AVERTISSEMENT DE L'ÉDITEUR

Depuis plusieurs années, M. Jules Le Berquier n'a cessé de revendiquer pour la Ville de Paris la liberté municipale. En même temps il a cherché à déterminer les bases de l'organisation qui convient à cette grande cité.

Mais ses travaux, sur ce grave sujet, se trouvaient épars dans des écrits divers. En présence des événements actuels et des projets de loi soumis à l'Assemblée, ils offraient un intérêt tout spécial.

M. Le Berquier a bien voulu nous autoriser à les détacher des publications qui les renferment, et à les réunir dans la monographie que nous offrons au public.

Il aurait voulu leur donner une forme nouvelle et les fondre dans une étude plus homogène. Il n'en a point eu le loisir. Même dans l'état où ils se trouvent, il nous a semblé qu'ils répondent aux légitimes préoccupations du moment, et nous n'hésitons point à en faire l'objet de cette brochure, persuadé qu'ils recevront le meilleur accueil.

CHAPITRE PREMIER.

———

Une Définition.

Qu'est-ce que la Commune?

L'Assemblée constituante en a donné la définition, et en cela comme en tant de choses, cette assemblée mérite d'être écoutée. « Les citoyens français, considérés sous le rapport des relations sociales qui naissent de leur réunion dans les villes et dans certains arrondissements du territoire des campagnes, forment les communes. »

Voilà ce qu'on lit dans la Constitution de 1791.

Mais quels sont les droits et les pouvoirs qui résultent des *relations sociales* existant entre les citoyens d'une ville ou d'un village?

La même Assemblée les avait déterminés dans sa loi municipale.

Si, au premier regard, la société ne se compose que d'individus, la situation de chacun se modifie suivant les relations qui s'établissent entre lui et les autres membres de la grande famille sociale.

Les premières relations s'arrêtent au cercle de la famille; — les secondes s'étendent à l'association locale dont tout citoyen fait partie; — d'autres, plus générales, le rattachent à la société entière. De là, pour chaque individu, trois intérêts distincts, mais nécessaires, l'intérêt privé, l'intérêt communal ou municipal, l'intérêt public ou politique.

Ces trois intérêts sont tellement distincts et nécessaires que s'ils sont méconnus, même sur un point, chacun ressent aussitôt la blessure qui lui est faite.

La commune ne peut pas empiéter sur la famille; l'État ne peut pas empiéter sur la commune.

Un conseil municipal ne peut pas remplacer l'autorité paternelle et se convertir en conseil de famille; il ne peut pas davantage remplacer le pouvoir exécutif ou se changer en assemblée législative.

Tout cela est élémentaire. Mais, pour le moment, tout cela est confondu!

Le socialisme, tel qu'on le fait, tue la Famille, la Commune et l'État, parce qu'il entame successivement ces trois choses, qu'il mêle sans cesse.

La Commune de Paris, telle qu'on l'entend depuis quelque temps, est le type de ce socialisme qui ne réunit pas, mais qui divise, qui n'organise pas, mais qui trouble et détruit.

La Commune de 93 a blessé la liberté individuelle et la liberté publique par un despotisme brutal.

Elle a eu le même résultat que l'Empire. Entre ces deux régimes, c'est une question d'excès.

Pour prévenir ces excès, il faut ramener la Commune à ce qu'elle est, à ce qu'elle doit être : un rouage intermédiaire entre la Famille et l'État.

C'est ce que fit l'Assemblée constituante.

Elle fixa donc les droits et les pouvoirs de la Commune aux suivants : 1° Régir les biens et les revenus de la communauté; — 2° Régler et acquitter les dépenses locales; — 3° Diriger et faire exécuter les travaux à la charge de la communauté; — 4° Faire jouir les habitants des avantages d'une bonne police, notamment de la propreté, de la salubrité, de la sûreté et de la tranquillité dans les rues, les lieux et les édifices publics.

Ces droits et ces pouvoirs sont en effet les seuls, comme elle le disait, qui soient *propres* à la Commune (1).

Tel est le rôle de la véritable Commune, de la Commune moderne, de la Commune de 89, de la Commune qui ne blesse ni la Famille ni l'État, et se place entre ces deux grands intérêts, qui veulent, comme elle, leur indépendance et leur liberté.

Parler aujourd'hui de la Commune du moyen âge, c'est nous ramener à la féodalité ; c'est imaginer que nos villes sont encore entourées de seigneurs suzerains, de châteaux, de forteresses, de couvents, et que, pour se protéger contre ces instruments de despotisme du xie et du xiie siècles, pour défendre contre eux sa propre existence, la Commune, sortant de son rôle naturel, est obligée de se faire gouvernement, comme elle se fit gouvernement dans les temps où le pouvoir central n'entreprenait la guerre que pour lui-même, trop faible qu'il était pour venir au secours des citoyens, dans ces combats de châteaux à villes ou à chaumières, de moines à paysans.

Si la Commune du moyen âge empiéta parfois sur les droits de l'État, c'est que l'État n'existait point pour elle. La prendre aujourd'hui pour modèle, c'est avouer l'usurpation qu'à son exemple on se propose de commettre sur les pouvoirs publics, et cela alors que ces pouvoirs ont une existence distincte et sont organisés.

Que doit être la Ville de Paris ?

Un État dans l'État ?

Non ; mais une simple commune, comme toutes les autres communes de France.

---

(1) Loi du 14 décembre 1789, art. 50.

Autrement, chaque commune aspirera à la même usurpation, car le droit municipal est partout le même, et l'on aura trente-sept mille républiques dans le pays, c'est-à-dire l'anarchie.

Une telle conception serait insensée.

On veut, il est vrai, distinguer les petites communes des grandes et l'on fait appel aux grandes contre les petites.

C'est là un nouveau genre de despotisme : celui du lion, celui du fort contre le faible, de la population des grandes villes contre celle des campagnes.

En résumé, la Ville de Paris est une simple commune. La base de son droit est celle du droit des autres communes en général, sans quoi elle devient l'État, et s'anéantit par cette confusion de pouvoirs ; elle n'a plus alors de biens propres, elle n'a plus ni budget, ni indépendance ; elle est tout et elle n'est rien.

Il est temps de lui rendre ses droits, mais ses droits seulement, ses droits municipaux tels que les a définis l'Assemblée constituante et en dehors desquels elle est condamnée à se traîner, sans dignité et sans force, entre le despotisme de la rue et celui du pouvoir absolu.

Son histoire, depuis quatre-vingts ans, n'est-elle pas assez significative ? Rappelons-la en quelques mots.

CHAPITRE II.

———

Régime municipal de la Commune de Paris
depuis la Révolution.

———

1° *Organisation municipale de 1790.*

Les représentants de la commune avaient indiqué les bases
de la nouvelle municipalité, en rédigeant un projet de loi. De
son côté, Sieyès, député de Paris, avait dressé un plan dont
les parties principales furent admises par le Comité de constitution.

La loi du 21 mai 1790 divisa donc la Ville de Paris en qua-
rante-huit parties ou sections, au sein desquelles devaient être
choisis les divers officiers municipaux.

La municipalité fut composée d'un maire, de seize administrateurs, de trente-deux conseillers, de quatre-vingt-seize notables, d'un procureur général et de deux substituts. Tous ces
magistrats étaient élus par les citoyens actifs, et ne pouvaient
être destitués que pour forfaiture jugée.

Le corps municipal se divisait en conseil et en bureau. Le
maire et les seize administrateurs composaient le bureau. Les
trente-deux conseillers réunis au bureau formaient le conseil

municipal. Enfin la réunion du conseil municipal et des quatre-vingt-seize notables constituait le conseil général de la commune, qui n'était appelé à se prononcer que dans les affaires importantes.

La municipalité avait deux espèces de fonctions à remplir, les unes propres au pouvoir municipal, les autres propres à l'administration de l'État, par qui elles lui étaient déléguées (1). Elle exerçait la première espèce de fonctions sous la simple surveillance de l'administration du département de Paris ; elle ne lui était surbordonnée qu'à l'égard des fonctions qu'elle remplissait par délégation.

Sous ce régime, la représentation municipale était complète ; le maire et les conseillers municipaux tenaient directement leur mandat des citoyens actifs, c'est-à-dire des habitants de Paris portés sur le rôle des contributions pour une somme représentant au moins deux journées de travail. La commune avait reconquis la libre administration de ses biens et se trouvait placée sous la surveillance du département, qui n'intervenait d'une manière active que lorsqu'il s'agissait de mesures touchant, non plus aux affaires communales proprement dites, mais à l'ordre public. Le corps municipal représentait tout à la fois les intérêts de la ville et ceux de l'État, qui lui étaient confiés, par délégation, pour certaines parties du service public. C'est encore la base de l'organisation municipale dans les autres communes de France.

Si les circonstances avaient été plus calmes, on peut affirmer que cette loi, conforme aux vrais principes du droit municipal, eût été pour la Ville de Paris la source de grands bienfaits. Les actes qui ont marqué la trop courte durée pendant laquelle elle a librement fonctionné n'ont en effet laissé que de bons souvenirs.

---

(1) D'après l'article 51 de la loi du 21 mai 1790, les fonctions *propres au pouvoir municipal* étaient celles que nous avons indiquées page 6, comme étant seules constitutives des droits essentiels de la commune.

Mais l'effroyable tempête qui gronda bientôt, ne pouvait épargner le seul édifice de cette institution. On la vit donc faussée, brisée par la violence, et les quelques débris qui en subsistèrent ne servirent qu'à attester qu'elle n'existait plus.

2ª Organisation municipale de 1792.

Le 10 août 1792, l'agitation régnait dans toute la ville. La foule menaçait à chaque instant d'envahir le château ; le roi et sa famille couraient des dangers qu'ils crurent éviter en se rendant à l'Assemblée nationale, entourée elle-même par le flot de l'émeute. Au milieu de ces événements, quelques sections de Paris s'étant réunies, prononcèrent d'elles-mêmes la déchéance de la municipalité. On ne maintenait à leur poste que les magistrats qui avaient pactisé avec l'émeute. Des commissaires furent dépêchés au milieu de la nuit par les sections avec ordre de s'emparer de la maison commune et de notifier à la municipalité l'arrêté que voici :

« L'assemblée des commissaires de la majorité des sections réunis en plein pouvoir pour sauver la chose publique, a arrêté que la mesure que la chose publique exigeait, était de s'emparer de tous les pouvoirs que la Commune avait délégués, et d'ôter à l'état-major l'influence dangereuse qu'il a eue jusqu'à ce jour sur le sort de la liberté ; — considérant que ce moyen ne pouvait être mis en usage qu'autant que la municipalité, qui ne peut jamais, et dans aucun cas, agir que par les formes établies, serait suspendue de ses fonctions, a arrêté que le conseil général de la Commune serait suspendu, et que M. le maire et M. le procureur général de la Commune, qu'ils laissent administrateurs, continueraient leurs fonctions administratives.

« A Paris, ce 10 août 1792.

« *Signé :* HUGUENIN, *président ;*

MARTIN, *secrétaire.* »

Aussitôt après la notification de cet étrange arrêté, qui avertissait au moins que les forfaits qui allaient s'accomplir ne pouvaient être l'œuvre de la municipalité actuelle, « obligée d'agir par les formes établies, » les magistrats municipaux furent arrachés de leurs siéges, qu'ils cherchèrent un instant à défendre, et l'émeute prit place à l'Hôtel de Ville. La municipalité insurrectionnelle voulut aussitôt faire sa notification à l'Assemblée nationale, qui devait, elle aussi, fléchir sous sa terrible pression, et c'est dans ce langage insolent que s'exprima son orateur à la barre de l'Assemblée :

« Ce sont les nouveaux magistrats du peuple qui se présentent à votre barre. Les circonstances commandaient notre élection, et notre patriotisme saura nous en rendre dignes... Législateurs, il ne vous reste plus qu'à seconder le peuple. Nous venons ici en son nom vous demander des mesures de salut public. Pétion, Manuel, Danton sont toujours nos collègues... Le peuple, qui nous envoie vers vous, nous a chargés de vous déclarer qu'il n'a cessé de vous croire dignes de sa confiance ; mais il nous a chargés en même temps de vous déclarer qu'il ne pouvait reconnaître pour juge des mesures extraordinaires auxquelles la nécessité et la résistance à l'oppression l'ont porté, que le peuple français, votre souverain et le nôtre, réuni dans ses assemblées primaires. »

Tous les pouvoirs étaient échus à l'Assemblée nationale ; c'est à celle-ci que devait s'attaquer la municipalité insurrectionnelle pour s'en emparer. A l'audace des paroles qu'elle venait de faire entendre, au trouble qu'elles avaient excité dans l'Assemblée, on put pressentir que la lutte ne serait pas longue et que bientôt la municipalité absorberait tout. Dès le 11 août, elle fut chargée par l'Assemblée de la police dite de *sûreté générale*, ce terrible instrument dont elle devait faire un si cruel usage. L'Assemblée veut essayer cependant d'arrêter l'envahissement de la commune par la réélection d'un nouveau conseil de département destiné à remplacer celui qui avait été dissous le même jour que l'ancienne municipalité. Mais la Commune envoie dire à l'Assemblée qu'il lui faut « des pouvoirs sans limites ; » elle est obéie et il est décidé que le nouveau conseil n'aura aucune autorité sur la municipalité ; qu'il se bornera à assurer la perception des impôts. Le 17 août, la Commune, voulant se passer des tribunaux et des lenteurs de la justice, obtient de l'Assemblée qu'il soit créé près d'elle un tribunal extraordinaire destiné à juger « les crimes commis dans la journée du 10 août, et autres crimes y relatifs, circonstances et dépendances. » Ce tribunal, on ne le sait que trop, jugea en dernier ressort, sans recours, sans justice et sans pitié.

Il faut s'arrêter là pour ne pas suivre cette municipalité insurrectionnelle dans le sang où elle va glisser ; il faut s'arrêter et dire que ce n'était plus là le conseil municipal de Paris, c'est-à-dire des magistrats librement choisis, chargés par l'élection du soin des intérêts de la cité. Des intérêts ! en était-il d'autres alors que ceux de la défense des personnes et des biens ? Et ces intérêts, par qui donc étaient-ils donc menacés, si ce n'est par ces prétendus représentants d'une cité qu'ils faisaient trembler et dans laquelle ils n'avaient su élever que le sanglant édifice de la mort ! Non, ce n'était pas là des magistrats municipaux, c'étaient des usurpateurs, des assassins ; il faut le dire assez haut pour qu'on n'abuse plus, en cette matière, de ces souvenirs de 93, si souvent, si mal à propos et si injustement évoqués.

La Convention parvint à regagner peu à peu le terrain qu'avait perdu l'Assemblée législative, et alors éclata entre elle et la Commune le duel sanglant dont le 9 thermidor vint marquer le terme, par l'arrestation de Robespierre et de ses collègues. De ce jour disparut la fatale omnipotence de la Commune ; elle fut replacée sous l'autorité du Directoire de département, dont elle s'était affranchie, et rentra dans les soins particuliers des affaires de la cité, jusqu'à ce que la Convention, au faîte de sa puissance, la renversât elle-même pour s'emparer de ses pouvoirs.

3° *Organisation municipale de l'an II et de l'an III.*

La Constitution de l'an II avait maintenu l'organisation des communes, mais la Convention n'en tint aucun compte ; le 14 frutidor an II, elle rendit un décret qui faisait passer dans ses mains l'administration entière de la Ville de Paris. Après avoir confié l'approvisionnement, les hospices et hôpitaux, la gestion des biens et revenus de la ville aux commissions entre lesquelles étaient répartis les divers services de l'administration générale de l'État, la Convention établit deux commissions spéciales qui, sous la surveillance du département, étaient chargées : l'une, de la partie administrative de la police municipale ; l'autre, de l'assiette et de la répartition des contributions publiques. Un agent était préposé, dans chaque district, à la tenue des registres de l'état civil. Il ne restait donc plus ni municipalité ni autorité municipale. La Convention régnait seule à son tour sur Paris et sur la France, disposant despotiquement de tous les pouvoirs, de toutes les fonctions, de tous les emplois, donnant des ordres et les faisant exécuter par ses comités.

La Constitution de l'an III divisa la France en départements, cantons et communes, et s'efforça de rompre l'unité des grands centres de population. Elle disposa que, dans les communes de plus de cent mille âmes, il y aurait plusieurs administrations municipales et un bureau central pour les objets jugés indivisibles.

En conséquence, la loi du 11 octobre 1795 circonscrivit le territoire de la commune de Paris dans un canton qu'elle divisa en douze municipalités, lesquelles furent distinguées par ordre numérique sous le nom d'arrondissements. La municipalité de chacun des arrondissements était composée de sept membres, désignés par l'élection, dont l'un était chargé des fonctions d'officier de l'état civil. L'administration générale de la Commune fut partagée entre les douze municipalités. Un bureau

central, composé de trois membres, désignés par l'administration du département, et confirmés par le pouvoir exécutif, fut
spécialement chargé de la police et des subsistances dans le
ressort du canton, ces objets n'ayant pas paru susceptibles
d'être divisés entre les diverses municipalités. Tous les actes
d'administration pouvaient être annulés par le département,
qui avait, en outre, le droit de révoquer les membres des municipalités ; ce même droit, le Directoire s'était réservé de
l'exercer directement sur les administrations départementales
et municipales.

Il n'y avait donc à la tête des diverses circonscriptions
administratives qu'une autorité purement nominale. La
commune de Paris, aussi bien que les autres communes,
les cantons et les départements, le Directoire dominait tout.
Par l'élection, on avait rendu hommage aux principes,
mais ce n'était là qu'une fiction.

4° *Organisation municipale de l'an VIII.*

La Constitution de l'an viii amena une nouvelle modification dans le système administratif. On sortit des commissions, et un principe nouveau fut posé ; l'exécution fut sé-
parée de la délibération et confiée, dans chaque sphère, à
un seul magistrat. Mais l'élection disparut pour les communes.
A Paris, un maire et deux adjoints furent chargés, dans chacun des arrondissements municipaux, de la partie administrative et des fonctions relatives à l'état civil. Un préfet fut placé
à la tête du département pour l'administration proprement
dite ; un autre fut préposé à la police. Les deux préfets et les
membres du conseil général du département étaient à la nomination du premier Consul. La loi du 28 pluviôse an viii, dé-
clara en même temps que le conseil général remplirait, à
Paris, les fonctions de conseil municipal.

Le premier Consul choisissait les maires et les adjoints ; les conseillers municipaux étaient désignés par le préfet de la Seine, qui pouvait les suspendre. « Les attributions mal fixées des maires, a dit M. de Laborde, diminuèrent progressivement, et se trouvèrent réduites à peu près à la tenue des registres de l'état civil et à la présidence des bureaux de bienfaisance. Napoléon, en les annulant ainsi, chercha cependant à les dédommager par des faveurs personnelles ; il décida que les maires et adjoints de Paris, après cinq ans d'exercice, seraient membres de la Légion d'honneur ; le doyen du corps municipal était appelé au Sénat. — Le conseil municipal fut également restreint et dans son nombre et dans ses attributions. Réduit d'abord à vingt-quatre membres présents, il descendit bientôt à seize, tandis que toute ville au-dessus de cinq mille âmes eut trente conseillers. Ses attributions étaient bornées à délibérer et à voter sur les questions qui lui étaient soumises, sans aucune initiative, sans aucun contrôle sur les opérations de l'administration. »

5° *Régime de 1830 et de 1848. — Régime de l'Empire.*

Ce système régissait encore la Ville de Paris au moment où éclata la révolution de 1830. La question de l'administration municipale en France fut mise à l'étude, et l'on vit successivement paraître la loi du 21 mars 1831, qui rendait l'élection aux communes ; la loi du 20 avril 1834, qui la rendait spécialement à la ville de Paris ; enfin, la loi du 18 juillet 1837, qui survit encore et qui a fondé l'admirable système administratif qui régit les communes en général.

Le dernier article de cette loi déclarait qu'elle n'était pas applicable à la Ville de Paris ; mais le rapporteur de cette loi à la Chambre des députés, M. Vivien, annonçait qu'une loi réglementaire serait également rendue pour l'administration de la commune de Paris. Cette loi n'a point paru. Celle du 20 avril 1834 fut abrogée dans son principe par la révolution de 1848, qui institua une commission à l'Hôtel de Ville. La loi du 5 mai 1855 maintint cette commission. D'après cette loi, les maires de Paris, les membres du conseil municipal, les membres du conseil général étaient à la nomination du chef de l'État.

Il était réservé à l'Empire de conduire la Ville de Paris à la ruine, par de somptueuses prodigalités, par des entreprises audacieuses, sinon coupables, qui n'ont jamais rencontré dans la commission de l'Hôtel de Ville aucun avertissement, aucun frein. En présence du gaspillage et du pillage, la population de Paris s'est rappelé à la fin qu'il existe pour les communes un droit primordial, naturel, impérissable, que nul ne peut leur enlever sans violence et ne saurait retenir sans usurpation ; ce droit est celui de s'administrer elles-mêmes, c'est-à-dire de fixer leurs taxes, de régler leurs recettes et leurs dépenses, d'arrêter en un mot leur budget de chaque année.

C'est ce droit qu'elle revendique aujourd'hui, et qu'elle entend exercer, non de manière à étonner le monde, mais, tout en soutenant dignement l'honneur de la Ville, de façon à savoir ce qu'elle fait, comme on le sait dans les familles honnêtes où règnent l'ordre et la prévoyance, où l'on vit sur ses revenus et non sur le capital, où l'on dépense son argent et non celui des autres, et où la caisse n'a ni secret, ni double fond, parce que là tout est clair et loyal.

La première manifestation de ce droit est dans le libre choix des administrateurs municipaux ; la seconde, dans la délégation des pouvoirs qui leur sont nécessaires.

Quand il s'agit, pour la Ville de Paris, de rentrer dans l'exercice de son administration, il est donc deux choses à envisager :

1o Son organisation, c'est-à-dire le mode suivant lequel seront appelés à la représenter les mandataires qu'elle pourra choisir ;

2o Son administration, c'est-à-dire, la mesure des pouvoirs qui seront conférés à ces mandataires.

2

CHAPITRE III.

———

Nouvelle organisation municipale de la ville de Paris.

Précisons le droit.

Le droit pour les communes de s'administrer est absolu, et ne dépend d'aucune loi ; il vient de la force des choses, il est antérieur et supérieur aux constitutions politiques, car la Commune, comme la Famille, est avant l'État ; « la loi politique la trouve et ne la crée pas, » a merveilleusement dit Royer-Collard. Là est le premier et le dernier mot de son indépendance. C'est en vertu de ce droit que la commune choisit et doit choisir librement ses mandataires.

La Ville de Paris est-elle à cet égard dans une situation particulière ?

Non. On peut hardiment remonter à ses origines. On la verra livrée à elle-même dès les premiers temps. Il y a plus : sous la féodalité, alors que les autres communes sont dépouillées de leur droit municipal, la Ville de Paris a conservé le sien. Elle a dans le *Parloir aux bourgeois* un conseil municipal librement élu, et dans le *prévôt des marchands* un maire de son choix. Ce droit, à diverses dates, est entamé par le pouvoir absolu ; mais à travers cette lutte de la liberté et du despotisme qui afflige les nations, et particulièrement la nôtre, il survit ; on en suit facilement la trace, tout effacée qu'elle soit, jusqu'à la révolution du dernier siècle.

Alors, avec l'Assemblée constituante et la loi du 21 mai 1790, la Ville de Paris rentre dans la plénitude de ses droits ; elle s'administre librement jusqu'à la convention, jusqu'à cette fameuse *Commune de Paris*, qui a eu le triste privilége d'ajouter à ses crimes celui de priver les Parisiens de leurs libertés municipales depuis plus d'un demi-siècle, et cela par le seul effet de la terreur que son nom répand encore.

Et cependant, est-il terreur plus irréfléchie, plus inexplicable, quand il s'agit d'appeler la Ville de Paris à s'administrer ? Qu'était-ce donc que la *Commune de Paris* ? Le conseil municipal librement élu de la ville ? Nullement. C'était, nous l'avons dit, une poignée de factieux qui s'était violemment emparée de l'Hôtel de Ville, en arrachant de leurs siéges les citoyens librement élus en vertu de la loi de 1790.

Ce n'est pas tout. On parle encore des proclamations de 1814, de 1830, de 1848 ! Autant de coups, dit-on, tirés sur le pouvoir par l'Hôtel de Ville !

Décidément, ce que le Parisien sait le moins, serait-ce l'histoire de Paris ? Qu'on prenne donc la peine de se rappeler que le conseil municipal de 1814 avait été nommé par l'empereur, et celui de 1830 par Charles X. Si ces hommes, choisis par le pouvoir, ont condamné le pouvoir, c'est leur affaire et celle du pouvoir lui-même, mais non celle des électeurs parisiens. Que si, en 1848, il plut à quelques députés de se réunir à l'Hôtel de Ville, et là de proclamer une nouvelle forme de gouvernement, il y aurait une singulière injustice à s'en prendre au conseil municipal de l'époque, car ce conseil, qui relevait de l'élection depuis 1835, fut alors supprimé et remplacé par une commission, qui, elle aussi, a été vivement critiquée, mais, on doit le reconnaître, qu'il était dans les vues du gouvernement républicain de laisser peu de temps fonctionner. C'est pourquoi, sous l'Empire, toutes les fois que l'on a touché aux lois municipales du pays, en 1855, en 1859, en 1867, nous avons sans cesse réclamé pour la Ville de Paris, et nous le disons avec quelque orgueil, car parfois nous nous sommes trouvé à peu près seul à le faire.

Appelons maintenant à nous le droit, et, avec le droit, la liberté; mais en même temps tâchons de poser la limite du droit, lequel se renferme dans les choses de la cité et ne saurait aller au delà.

ÉLECTIONS.

Deux systèmes sont en présence : le suffrage universel, le suffrage restreint.

Le suffrage universel est aujourd'hui le droit commun en matière politique et en matière municipale : il fait les députés comme il fait les conseillers municipaux dans toutes les communes de France. Pour qu'il en soit autrement à Paris, il faut une exception. D'où viendrait-elle ?

On a paru la tirer, d'une part, de l'étendue de la ville; d'autre part, de la composition même de la population.

I

ÉTENDUE DE LA VILLE.

Sans aucun doute, dans les grandes villes, l'attachement municipal perd un peu de sa force, et la Ville de Paris est considérablement étendue. Mais aussi de là vient le morcellement que l'on voit aujourd'hui. Nous l'avons dit ailleurs : « La Commune, à prendre les choses dans leur véritable acception, est une grande famille ; le lien qui réunit, sous le rapport de certains devoirs et de certaines charges, un nombre donné d'individus, suppose une agglomération relativement limitée ; là, ainsi que dans la famille, à mesure que le cercle s'étend, les liens de l'association et de la solidarité communale s'affaiblissent ; une agglomération de quinze cent mille âmes n'est point un État, mais c'est déjà plus qu'une commune. Aussi qu'arrive-t-il dans ces grands centres de population ? Par la force même des choses, l'élément municipal se reconstitue, se reforme de lui-même ; il se trace une nouvelle sphère moins étendue, plus ramassée, où chacun peut se toucher et se connaître ; la grande commune se divise en groupes, en sections ou arrondissements, et chaque division devient un centre où se rétablissent les liens naturels de la solidarité et de l'association municipales. Voilà comment s'expliquent les diverses transformations qu'a subies l'organisation municipale de Paris. Une seule agglomération apparaît d'abord, et puis, à mesure que la cité grandit et s'étend, les agglomérations secondaires se forment autour du centre commun, et se resserrent comme pour se fortifier dans un mutuel effort. Ce n'est point là le résultat du hasard : c'est la manifestation naturelle d'une grande loi qui a constitué partout, d'après les divers degrés de développement de la population, la Famille, la Commune et l'État. Cette transformation, elle s'était opérée à Paris longtemps avant la Révolution. Dès le douzième siècle, la Commune avait été divisée en quatre parties ou quartiers : l'île de la Cité, l'Université, la Grève et Saint-Jacques-la-Boucherie ; de là les quarteniers de la ville ou préposés de la municipalité dans chacune des quatre divisions. Le nombre des quartiers fut doublé avec l'enceinte de Philippe-Auguste, et porté à huit, puis à seize avec de nouvelles délimitations de la Commune. De là sortirent, en 1795, les douze arrondissements (1). »

Si donc la ville de Paris offre dans son organisation un morcellement tel que la famille municipale se trouve reconstituée dans chacune de ses divisions, l'objection tirée de son

---

(1) *Administration de la Commune de Paris*, p. 49.

étendue disparaît ou s'amoindrit beaucoup. Or, la Ville de Paris, avec ses dix-huit cent mille habitants, se compose actuellement de vingt arrondissements ayant chacun un centre administratif autour duquel gravite une population de 90,000 âmes. Chaque arrondissement est divisé en quatre quartiers, contenant chacun environ 22,000 habitants. Ces 22,000 habitants donnent, pour chaque quartier, 4,000 votants au suffrage universel. Il peut donc s'établir dans chacun de ces arrondissements un ressort puissant pour la vie municipale; car, dans cette faible étendue, on peut se connaître et se toucher. Si, dans l'état actuel des choses, l'isolement s'est fait entre les habitants, s'il est vrai de dire que les Parisiens ne se connaissent pas, même porte à porte; cela vient précisément du régime qui, depuis si longtemps, a brisé le lien de l'association municipale. Mais ce lien peut se rétablir. Il se rétablira indubitablement le jour où des intérêts communs, touchant à ceux de la famille, les appelleront à se réunir et à se prononcer par la voie de l'élection.

Est-ce à dire que chaque arrondissement doit devenir le pivot d'une administration distincte ayant son conseil particulier ? Non, certes. Un tel morcellement amènerait le désordre dans l'administration d'une ville qui se compose d'un tout homogène et parfaitement uniforme. Mais cela signifie que chaque arrondissement est organisé de manière à pouvoir déléguer un certain nombre d'habitants pour le représenter au sein du conseil municipal siégeant à l'Hôtel de Ville.

Resterait à examiner la composition de la population parisienne.

II

CARACTÈRE DE LA POPULATION.

Cette population est-elle aussi changeante, disons le mot, aussi nomade qu'on l'a prétendu ? Le Parisien est si peu nomade, qu'il ne connaît souvent que le quartier où l'enchaînent ses intérêts. Ce qui est vrai et ce que l'on doit reconnaître, c'est que la population parisienne se recrute incessamment dans tous les départements, comme s'il fallait un sang nouveau à ces générations, que des travaux excessifs dans un milieu concentré étiolent et dévorent. Ces provinciaux, qui les a poussés à Paris ? Une grande énergie, un ardent désir d'arriver à la fortune plus rapidement que dans leur contrée. Ce fait est attestée par une histoire que l'on raconte dans toutes les familles qui ont touché au succès. C'est un père ou un aïeul qui s'est éloigné en sabots de son village, et est devenu le plus riche négociant du quartier. Il y aurait un livre à écrire sur ces laborieuses existences, et ceux qu'un perfide calcul, qu'une odieuse provocation désignent comme étant le peuple, y verraient qu'entre l'ouvrier et le bourgeois, que l'on oppose l'un à l'autre, et qui ont pour lien commun le travail, il n'existe en réalité qu'une question de date. Mais qu'on y songe bien, cette population bourgeoise qui, hier encore, était la classe ouvrière, n'a vécu que par l'ordre. Elle constitue partout dans la société française cet élément honnête, un peu craintif, qui n'a qu'un tort, celui de se détacher beaucoup trop des aspirations politiques, mais qui appartient tout entier à la vie municipale dans chaque commune. Viennent ensuite, à tous les degrés, ceux qui ont sous les yeux ces exemples de succès, et en font dans leur carrière l'idéal de leurs rêves. Ceux-là encore ne vivent et ne peuvent arriver que par l'ordre. Ah ! évidemment, dans ce grand mouvement d'une grande capitale, il y a aussi les déclassés, ceux que la fortune a trahis, les hontes cachées, les brouillons et les vicieux. Il y a une armée d'ouvriers que des travaux exceptionnels attirent, il y a une légion de nécessiteux que les grands établissements de bienfaisance entretiennent, et dont trop souvent ils encouragent la paresse. Voilà l'élément qu'on redoute ; voilà, dit-on, le ressort des émeutes ; à la moindre pression, il se détend et trouble la ville, sinon le pays lui-même.

Cette dernière partie de la population fût-elle aussi subversive, aussi dangereuse qu'on le suppose ou qu'on le soutient, qu'il serait déjà bien regrettable d'avoir à lui sacrifier celle qui tient pour l'ordre et lui doit tout. Mais il y aurait beaucoup à dire sur le personnel des émeutes, sur les chefs et les soldats. Avant de faire le dénombrement des combattants, il y aurait un curieux point d'histoire à éclaircir. Les révolutions dont on paraît si fort redouter le retour sont-elles venues d'en bas ou d'en haut ? La partie de la population qui tient pour l'ordre est-elle bien sûre de n'avoir jamais contribué à ébranler les pavés qui ont ensuite formé les barricades ? Nous en appelons à la froide raison, à l'impartiale sincérité de tous ceux qui ont assisté aux événements de 1830, de 1848, de 1852. Et cela dit, nous ajoutons que si la population que l'on appelle, selon les besoins, tantôt le peuple, tantôt la populace, est véritablement un danger pour Paris, c'est un devoir de rendre ces bras désœuvrés à la province qui les réclame, et une faute de les retenir par de folles entreprises ; il faut soulager les malheureux et non les attirer vers un centre où les conditions de la vie offrent de si grandes difficultés. Le droit des communes n'est pas douteux ; elles doivent se défendre contre les envahissements qui menacent leur sécurité, tout en sauvegardant la liberté individuelle, et ce droit, la Ville de Paris le possède au même titre que les autres communes. Mais bientôt, d'ailleurs, ne verra-t-elle pas s'évanouir la crainte de ces commotions qui troublent encore les esprits si longtemps après qu'elles se sont produites !

Jusqu'à ce jour, on a pu le dire avec quelque raison : Paris, c'est la France. Le levier de toutes choses étant au centre, il a suffi parfois d'un tour de main pour imposer au pays stupéfait tel ou tel régime. En cela, le hasard parfois n'a-t-il pas fait autant, sinon plus que la volonté humaine ! Ce déplorable résultat de la centralisation, il incombe aux hommes de toutes les opinions de le conjurer. Désormais, il faut qu'on dise : la France, c'est le pays. Et l'on pourra le dire le jour où la commune et le département seront rendus à une puissante autonomie. A partir de ce moment, l'émeute à Paris ne sera plus à craindre, car elle restera sans influence sur les départements et les communes. S'il avait été démontré qu'elles dussent s'arrêter aux barrières, il n'y aurait jamais eu d'émeutes à Paris. Sans être constitués dès à présent de cette manière, déjà les départements réagissent très-vivement contre l'autocratie parisienne, n'oubliant pas qu'ils se sont levés plus d'une fois pour y rétablir l'ordre. C'est à ceux qui ont en main la grande œuvre de la décentralisation, à faire que Paris ne trouble plus la France, et incontestablement cela est en leur pouvoir.

Mais ces révolutions et ces émeutes, à quoi bon les évoquer quand il s'agit uniquement de rappeler les Parisiens à la vie municipale ? N'est-ce pas s'égarer ou vouloir égarer l'opinion publique que d'agiter en pareil cas le fantôme de la commission dictatoriale qui fit trembler Paris, la Convention et la France entière ? Est-ce donc la liberté municipale qui la fit naître ? Nous l'avons dit déjà, elle sortit de l'émeute, renversa le conseil librement élu de l'Hôtel de Ville, et anéantit, avec la liberté municipale, toutes les autres libertés. Il serait beaucoup plus équitable de proclamer hautement que dans la grande famille municipale chaque intérêt doit être représenté : celui du grand et du petit commerce, de la grande et de la petite propriété, du patron et de l'ouvrier, du riche et du pauvre. D'où viendrait la stérile agitation qu'on semble redouter ? Alors qu'il s'agit du régime intérieur, des recettes et des dépenses d'une ville, même comme celle de Paris, et de l'application de certaines ressources à son amélioration et à son bienêtre, on imagine difficilement ce que, dans le cercle limité d'une pareille administration, pourrait enfanter l'esprit de désordre le plus obstiné et le plus pervers. Les pouvoirs du conseil ne seraient-ils pas limités, par la loi et par la force des choses, aux affaires de la Commune !

Nous sommes donc porté à croire que l'objection tirée contre le suffrage universel, soit de l'étendue de la ville, soit de l'esprit de la population, n'est point de nature à arrêter ceux qui, allant au fond des choses, écarteront de ce débat les préjugés et les erreurs dont il est environné, et n'y verront que ce qui doit y être vu : la Commune de Paris administrée par ses habitants et faisant ses propres affaires, ainsi que les autres grandes villes du pays, Rouen, Bordeaux, Marseille.

III

CAPACITÉ ÉLECTORALE.

L'idée d'épurer la masse électorale par l'impôt et la durée du domicile a pu séduire quelques esprits. Mais elle se heurte au suffrage universel, qui n'a exigé de l'électeur que l'âge de vingt et un ans et six mois de domicile. On s'est demandé si la loi municipale ne pouvait pas s'imposer ici au suffrage universel. On peut dire que la Commune a ses lois propres et ses nécessités ; que si les citoyens peuvent indifféremment choisir un député en tel ou tel lieu, cela importe peu en réalité, parce qu'il s'agit toujours des intérêts généraux et que ces intérêts touchent les citoyens sur tous les points du pays, tandis que les choses municipales n'atteignent que les habitants de la commune ; dès lors, que pour décider de ces choses, il convient d'avoir des délégués spéciaux, et que pour désigner ces délégués, il faut réellement faire partie de l'association municipale et s'y rattacher puissamment par ses sympathies et sa fortune ; qu'en un mot la définition de l'habitant peut, en pareil cas, modifier la capacité électorale, sans pour cela que le suffrage universel soit blessé dans son application essentielle.

Mais on peut répondre que le suffrage universel est un ; que dès le premier jour il a prévalu dans toutes les communes ; qu'aux deux époques où la Ville de Paris a recouvré la liberté municipale, en 1790 et 1835, sous la Constituante et le gouvernement de 1830, son mode de votation a été le mode général du régime existant ; qu'aujourd'hui le mode général de votation étant le suffrage universel, il doit être pratiqué indifféremment pour les communes, les arrondissements, les départements et l'État, ne fût-ce que pour habituer les populations à s'élever plus facilement de leurs intérêts privés et locaux à l'intérêt public. Au lieu d'exclure une partie de la population de la représentation municipale, ne vaut-il pas mieux, en effet, lui donner la satisfaction de défendre, comme partout ailleurs, ses intérêts au sein du conseil ? En créant ici une exception, on amoindrirait à coup sûr la popularité dont le conseil municipal a besoin, puisque là est toute sa force.

IV

DOMICILE RÉEL.

Il est cependant un point capital en cette matière : c'est que l'électeur municipal doit être un habitant de la commune dans la véritable et rigoureuse acception du mot. S'il choisit des mandataires, dans quel but, si ce n'est d'être représenté dans le vote des subsides qui pèsent sur les membres de l'association ? Or, ces subsides en général sont une charge du domicile ; ils n'atteignent pas le passant, celui qui n'a transporté dans la commune ni sa fortune ni sa famille. Le domicile réel doit donc être ici rigoureusement exigé. Si le suffrage universel se contente d'un domicile de six mois, reste à savoir ce qui constitue le véritable domicile. Le domicile peut être fixé dans un lieu dès la première heure, comme un séjour de plusieurs années ne constitue parfois qu'une simple résidence. On ne saurait admettre, par exemple, que la population qui vit en hôtel garni, qui possède ailleurs son gîte et sa famille, ou qui n'a point quitté sa localité sans esprit de retour, ait le domicile réel qui fait et doit faire l'habitant d'une commune.

Mais comment déterminer le domicile qui fait l'habitant? Les meilleurs appréciateurs en cette matière seraient évidemment les habitants eux-mêmes. Dans chaque quartier, il leur serait facile de se livrer à de sérieuses vérifications. Les demandes d'inscription, de radiation, et les réclamations en général seraient, il semble, très-exactement appréciées, en premier ressort, par une commission composée d'électeurs désignés par le conseil municipal, en appel, par le conseil municipal lui-même ou la section qu'il aurait spécialement investie de ce soin chaque année.

V

MAIRES ET ADJOINTS.

Dans l'état actuel de l'organisation de la Ville de Paris, il existe dans chaque arrondissement un maire et deux adjoints. Cette organisation est bonne. Mais, entre les divers arrondissements et l'Hôtel de Ville, tous les fils sont rompus. Le maire, qui est censé représenter sa circonscription, ne représente rien, car il tient sa nomination du gouvernement et n'a guère à s'occuper que de l'état civil, qui n'est point une affaire municipale. Il ne participe point à l'administration proprement dite de la ville, et ne peut rien pour elle.

C'est là un vice radical. En attendant que leurs attributions soient plus amplement déterminées, les maires de Paris doivent être choisis par le conseil municipal parmi les citoyens appelés à faire partie du conseil. Quant aux adjoints, ils pourraient être désignés également par le conseil, sur la liste des candidats que présenteraient les électeurs dans les différents quartiers de la ville.

VI

PRÉFET DE LA SEINE ET PRÉFET DE POLICE.

Dans l'organisation actuelle, empruntée au régime de l'an VIII et à celui de 1834, à côté du conseil municipal, des maires et des adjoints, figurent le préfet de la Seine et le préfet de police. Il s'agit de préciser leur situation dans le corps municipal.

La logique conduirait à la suppression de ces deux fonctionnaires et à la création d'un maire, comme dans toutes les autres communes. En cela, la logique a cédé à des considérations spéciales : la ville de Paris absorbant la plus grande partie du département, de deux choses l'une : ou le maire eût été en même temps le préfet du département, ou un préfet eût été placé à côté du maire, sinon au-dessus du maire. Dans le premier cas, le caractère véritablement municipal du maire eût été altéré ; dans le second, il se fût trouvé là un préfet en quelque sorte sans département, qui eût croisé le maire dans ses actes. Les deux personnages ont donc été confondus, et le préfet de la Seine a été fait maire de Paris. On a pensé alors que cette personnalité pouvait devenir par trop prépondérante et on l'a dédoublée : l'on a eu le préfet de la Seine pour l'administration du département et de la commune, le préfet de police pour l'exercice de la police générale et de la police municipale dans ces deux circonscriptions.

Ce mécanisme n'est pas sans inconvénient. Si les deux pré-

fectures se touchent sans se confondre, de leur contact sont
nés des froissements de tous les jours. En principe, la préfecture de police ne se rattache au gouvernement de la cité que
par la police municipale proprement dite, c'est-à-dire par la
réglementation des choses intérieures de la commune qui
touchent à la sécurité, à la commodité, à la salubrité. Pour le
reste, pour la police générale, elle appartient au département.
Mais l'administration et la police d'une commune se lient
étroitement l'une à l'autre et ne sont bien que dans la même
main. Le partage entretient ici les froissements dont nous venons de parler. La préfecture de la Seine a essayé d'imposer
silence à la préfecture de police en lui enlevant la plupart de
ses pouvoirs (décret du 10 octobre 1859). Depuis ce moment,
cette dernière a toutes les tristesses d'une puissance déchue.
Si les deux fonctionnaires ont été créés pour entretenir entre
eux d'incessants conflits, le but est atteint. Mais leur coexis-
tence est un embarras et une complication pour le service
public. Il n'est personne qui, ballotté d'une administration
à l'autre, et perdu au milieu des subdivisions absurdes d'une
bureaucratie formidable, n'ait reculé devant la difficulté des
démarches et fait le sacrifice des plus légitimes réclamations.

Les deux préfets se partagent également l'administration
du département de la Seine. Mais là encore la part du lion est
toute faite : le préfet de police ne s'occupe que de la police
générale. La faible étendue de ce département en dehors de
Paris a fait naître la question de savoir s'il fallait maintenir
cette circonscription ou la céder au département de Seine-et-
Oise. Paris à lui seul possède, en effet, un million huit cent
mille âmes ; le surplus du département de la Seine n'en
compte guère que trois cent mille. C'est le conseil municipal
qui fait à Paris l'office de conseil général ; seulement, toutes
les fois qu'il fonctionne en cette dernière qualité, on lui adjoint
huit membres nouveaux représentant spécialement les huit
cantons des arrondissements de Sceaux et de Saint-Denis. A
vrai dire, le conseil général disparaît dans le conseil munici-

pal. On pourrait donc, à la rigueur, renfermer dans la ville de Paris tous les intérêts du département et ceux de la commune, et annexer à un département voisin les deux arrondissements qui s'étendent au delà des fortifications. Mais par là aurait-on confondu le département et la commune, ramené l'un et l'autre à un seul budget et simplifié leur administration ? Nullement, car la distinction appartient ici au système général de notre organisation administrative. Il y aurait toujours des intérêts départementaux et des intérêts municipaux ; il y aurait forcément deux budgets, à moins de réunir à Paris seulement ce qui est séparé partout ailleurs, et de créer une exception à la règle générale. La suppression de la partie suburbaine du département ne serait donc qu'une affaire de pure symétrie, puisqu'elle laisserait subsister en fait la division administrative du département et de la commune comme personnes morales.

D'ailleurs, cette division de la commune et du département, du conseil municipal et du conseil général, n'offre pas de complications assez sérieuses pour ne point être conservée. Ce qu'on peut dire, c'est que le budget municipal est trop fort et le budget départemental trop faible ; c'est que l'administration financière du département a été désertée pour celle de la ville ; c'est que la plupart des travaux départementaux se poursuivent avec une nonchalance et une incurie coupables. Le Palais de Justice, à Paris, est en reconstruction depuis plus de vingt années ! En beaucoup moins de temps et surtout avec beaucoup moins d'argent, à la place d'un édifice incommode et ridicule, on eût élevé le plus splendide des monuments. Là, évidemment, comme en beaucoup d'autres circonstances, la toute-puissance du préfet de la Seine et la flexibilité de la commission du département ont fait le mal. Ce sera au conseil général libre à le réparer, dans la mesure possible.

Si donc le conseil municipal et le conseil général peuvent être conservés, le mécanisme des deux préfectures exige une grave modification : il importe de réunir la police municipale à l'administration de la commune, et de ramener la préfecture de police à une institution de police générale, à la police du larron et du sang répandu, comme on le disait des attributions du prévôt de Paris, afin de mettre un terme à la déplorable confusion que les deux préfectures jettent dans le service particulier de la ville. Déjà, en 1859, la petite voirie est passée à la préfecture de la Seine ; ce qui reste à l'autre préfecture de pouvoirs municipaux n'a plus de raison d'être entre ses mains, car la petite voirie embrassait la partie la plus considérable de ces pouvoirs,

La loi de 1834 appelait les deux préfets au conseil municipal, mais ne leur donnait que voix consultative dans les délibérations. Cela se conçoit : ces deux fonctionnaires ne sont en définitive que des agents d'exécution ; s'ils pouvaient figurer au conseil municipal et y formuler leur avis, ils n'avaient point à y voter, car, ne relevant pas de l'élection, ils n'en faisaient point partie. A cet égard, le préfet de la Seine aujourd'hui aurait seul à figurer au conseil municipal, mais il n'y aurait que voix consultative. Son rôle souffrirait-il de cette situation ? Il n'était pas autre sous le gouvernement de 1830 ; et l'on vit alors un homme de bien, qui vient de s'éteindre, rivaliser de zèle et de popularité avec le conseil, en apportant dans les affaires de la ville cette rectitude et cette probité qui ont fait de son administration la plus honorable et la plus paternelle que l'on ait vue depuis les temps où régnait, dans le vieux *Parloir aux bourgeois,* la liberté municipale. M. le comte de Rambuteau n'a-t-il pas été le vrai maire de Paris ?

VII

CONSEIL MUNICIPAL.

La mise en mouvement du conseil soulève les questions de la convocation, de la présidence, de la dissolution, de la publicité des séances,

Sous la loi de 1834, le conseil était convoqué par le préfet, le roi nommait le président et les vice-présidents, et pouvait dissoudre le conseil. Les séances n'étaient point publiques.

On comprend que les séances extraordinaires du conseil soient soumises à certaines restrictions. Mais on n'imagine pas la nécessité, pour les sessions ordinaires, qui se tiennent à des époques déterminées et roulent sur les affaires générales de la ville, de remettre la convocation au préfet de la Seine. Elle revient de droit au président du conseil. Les sessions extraordinaires pourraient être concertées par le président et le préfet de la Seine. En cas de désaccord, il en serait référé au ministre de l'intérieur. L'autonomie du conseil exige que le président et les vice-présidents soient élus chaque année, ainsi que le secrétaire, par le conseil lui-même. Quant à la dissolution, si elle était rendue nécessaire par des dissidences graves, elle pourrait être remise au chef de l'État, qui serait tenu de convoquer un nouveau conseil dans le plus court délai.

On a souvent parlé de la publicité des séances, et à cet égard on paraît avoir confondu les assemblées qui intéressent le public tout entier, comme les tribunaux et les Chambres, avec celles qui, comme un conseil municipal, ne touchent qu'à des intérêts relatifs et tout à fait spéciaux. Un conseil municipal n'est point une tribune ; il délibère, non pour le public en général, mais pour les habitants qui l'ont élu ; il se compose non d'orateurs et de publicistes, mais de citoyens modestes, le plus souvent des anciens de la localité, ayant la connaissance acquise de ses intérêts et de ses besoins ; c'est à cette connaissance, à leur sagesse, et non à leur éloquence, qu'on a fait appel. Si donc il importe que les décisions du conseil soient aussitôt révélées aux habitants, par tous les moyens possibles, il est prudent que ses délibérations soient paisiblement méditées par des gens paisibles, qui n'aient d'autre préoccupation que celle que doit leur inspirer la conscience du devoir, d'autre émulation que celle du bien public.

VIII

RÉSUMÉ DE CE QUI PRÉCÈDE SUR L'ORGANISATION MUNICIPALE (1).

Nous nous résumons, sur ce chapitre, en concluant dans ces termes :

1° La base de l'élection municipale à Paris doit être le suffrage universel, tel qu'il est appliqué dans les autres communes ;

2° La vérification du domicile réel des électeurs doit être confiée aux habitants eux-mêmes, c'est-à-dire, en premier ressort, aux électeurs désignés à cet effet, tous les ans, pour chaque quartier, par le conseil municipal, et en appel, au conseil municipal ou à la section par lui déléguée ;

3° Chaque quartier doit être appelé à élire un conseiller municipal, ce qui portera à 80 le nombre des conseillers pour la ville entière ; nul ne pourra être élu conseiller municipal s'il n'est âgé de vingt-cinq ans accomplis, et domicilié dans l'arrondissement ;

4° Les maires doivent être choisis, pour chaque arrondissement, par le conseil municipal, parmi les quatres conseillers élus par les quartiers ;

5° Les adjoints doivent être choisis, pour chaque arrondissement, par le conseil municipal, sur une liste de huit candidats réunissant les mêmes conditions que les conseillers mu-

____

(1) Les bases de cette organisation ont été empruntées à des écrits antérieurs aux événements actuels (mars 1871). On conçoit que ces événements soient de nature à donner des partisans au système électoral le moins large.

nicipaux, liste composée des candidats présentés par les électeurs de chaque quartier ;

6° Les maires et adjoints pourront être suspendus ou révoqués par le conseil municipal ;

7° En cas de décès ou de révocation d'un maire, il sera procédé à l'élection d'un nouveau conseiller, et le conseil munipal fera choix d'un autre maire parmi les quatre conseillers de l'arrondissement ;

8° En cas de décès ou de révocation d'un adjoint, chaque quartier de l'arrondissement auquel il appartenait sera appelé à désigner un candidat au choix du conseil municipal ;

9° Le préfet de la Seine peut assister aux séances du conseil municipal, avec voix consultative ;

10° Le conseil s'assemble, pour les sessions ordinaires, sur la convocation du président. Pour les sessions extraordinaires, la convocation est faite par le président et le préfet de la Seine. En cas de désaccord, il en est référé au ministre de l'intérieur. Le conseil ne peut délibérer que sur les choses essentiellement municipales, et lorsque la majorité du conseil assiste à la séance. Toute délibération portant sur des objets non compris dans les attributions du Conseil est nulle de plein droit.

11° Le président, les vice-présidents et le secrétaire sont nommés chaque année par le conseil.

12° Les séances du conseil ne sont point publiques, mais ses délibérations sont publiées dans les huit jours du vote.

13° La dissolution du conseil peut être prononcée, en cas de désaccords graves, par le pouvoir exécutif. Le décret de dissolution fixera l'époque de la réélection, laquelle aura lieu dans le mois au plus tard, à dater de la dissolution.

14° Le conseil général du département de la Seine se compose des 80 membres du conseil municipal et de 8 membres élus par les cantons du département situés en dehors de la Ville de Paris.

CHAPITRE IV.

Attributions du Corps municipal de la ville de Paris.

On est stupéfait quand on réfléchit au mode d'administration municipale qui a été imposé à la population de Paris depuis trois quarts de siècle, et surtout sous le gouvernement impérial. Cette ardente population, si prompte à revendiquer les droits de tous, si vaillante à les défendre, n'a jamais su, pour elle-même, persister dans sa revendication. Depuis le jour où la triste *Commune* chassa le conseil librement élu et s'empara de son siége, la Ville de Paris est restée à la merci du pouvoir, qui a fait de ses intérêts ce qu'il a voulu. Toutefois, le gouvernement de 1830 lui rendit son conseil municipal, mais ce fut tout. Quelles étaient les attributions de ce conseil? Elles ne furent déterminées par aucune loi, si bien que le conseil délibéra jusqu'en 1848, sans qu'aucune règle lui fût prescrite. S'il fit honnêtement les choses et ne sortit jamais des limites d'une sage et paternelle administration, il est juste de lui en tenir compte, car rien ne lui était défendu. Quand, après lui, survint la commission municipale qui fonctionnait encore sous l'Empire, celle-ci se crut tout permis et, le gouvernement personnel aidant, les finances de la ville furent amenées à cet état désespérant qui serait pour une société ou pour une famille un cas flagrant de banqueroute.

Heureusement les communes ne meurent point, et les désastres qui précipitent les citoyens ne sauraient les atteindre: elles offrent en garantie l'éternité. C'est aux générations à payer les bévues et les gaspillages des administrateurs. La population de Paris en est là. Elle aura à acquitter, sur sa consommation de chaque jour, des dettes immenses dont elle ne sait pas encore l'étendue, et en compensation desquelles vainement on a essayé de lui prouver qu'on faisait beaucoup pour elle. Hélas! que serait-ce donc si on n'avait rien fait! Au bout des deux milliards dépensés, si on ne pouvait lui montrer des voies stratégiques et quelques édifices, de quel nom faudrait-il qualifier ses administrateurs? La question est mal posée: il ne s'agit pas de savoir si l'on a fait quelque chose; il faut se demander ce qui aurait été fait avec deux milliards, si pareille somme eût été mise à la disposition d'un conseil vigilant, soigneux des intérêts de tous, et relevant de l'élection. Or, il est facile d'en avoir une idée en se reportant aux travaux considérables qui furent entrepris et menés à fin sous le gouvernement de 1830, avec des ressources dix fois moins importantes.

Ce qui dépasse toute mesure, c'est que, pour ces bouleversements, on a réclamé les actions de grâces de la population. Qu'ont-ils donc amené, ces bouleversements? Ils ont enrichi une bande noire qui, à l'aide de honteuses et criminelles connivences, a exploité la ville comme on exploite le domaine qui doit être rasé. Mais pour la masse, quel en a été le résultat? Ils n'ont pas seulement triplé, quadruplé les loyers et semé la ruine; ils ont fait pis, ils ont isolé et parqué la population, ils l'ont divisée en classes et en quartiers, comme au temps de la féodalité. Avant tous ces ravages, les citoyens étaient mêlés, confondus, toutes les conditions se trouvaient presque partout réunies dans la même rue, sous le même toit: le propriétaire et l'ouvrier, le riche et le pauvre se rencontraient plusieurs fois par jour. Est-il nécessaire de signaler le bien qui résultera toujours de ce mélange et de ce rapprochement des conditions diverses dans un même lieu? Aujourd'hui, les trois quarts de la ville ne sont ouverts qu'aux grandes fortunes; les petits commerçants et les ouvriers, refoulés vers les points excentriques, forment des colonies, des cités, quelque chose qui tient de la caserne et de l'hôpital. On s'est plu à exciter l'ouvrier contre le patron, contre l'indigne bourgeois qui a vécu d'ordre et d'économie ! D'un coup, on a créé des légions.

Désormais, il y aura des quartiers essentiellement riches et des quartiers essentiellement pauvres. A la fin du jour, on voit émigrer vers les barrières des flots de commis, d'artisans, d'ouvriers, à qui le séjour d'une autre partie de la ville est interdit. Les plus mauvaises conceptions auraient-elles jamais imaginé rien de plus provoquant ? A-t-on jamais entrepris rien de plus cruel contre ceux qu'on exalte comme étant le peuple par excellence ? Pour tous, des surcharges écrasantes, des loyers qui ruinent, ou bien l'exil hors de l'enceinte ou du côté des bas quartiers, voilà ce que l'on doit, avant tout, à cette expropriation forcenée, que nul n'a pu contenir, et qui, brusquement arrêtée par ses propres excès, solliciterait encore nos hommages ! On a bouleversé la ville, on ne l'a point administrée. Ses finances disent toute la profondeur du désordre. Il s'agit au plus vite de sortir de ce bourbier.

Pour cela, ce n'est pas assez de rendre le conseil électif ; il faut déterminer ses attributions, et fixer aussi celles du préfet qui remplit l'office de maire, ce qui n'a jamais été fait avec précision.

Dans l'état actuel, les attributions du conseil municipal et celles du préfet de la Seine en ce qui concerne l'administration proprement dite de la ville, sont réglées par la loi du 18 juillet 1837, qui détermine les attributions du consdil municipal, des maires et adjoints dans les autres communes de France. C'est la loi du 24 juillet 1867 qui en a ainsi disposé par son article 17. Autant valait dire au Parisien : Tu ne connaîtras jamais le premier mot de ton administration municipale. En effet, déclarer applicable à la ville de Paris la loi de 1837, c'était confondre des modes d'organisation distincts et enchevêtrer des lois qu'il est à peu près impossible de mettre d'accord.

Par son article final, la loi de 1837 avait elle-même pris

soin de déclarer qu'elle n'était pas faite pour la ville de Paris. Son rapporteur à la Chambre des pairs en avait donné la raison : « Les fonctions confiées à ses douze maires et à son corps municipal ne sauraient être les mêmes que celles qui le sont aux conseils des autres communes. Une loi statuera sur l'administration de la capitale. » Mais, en outre, cette loi de 1837 n'est plus entière ; elle a été morcelée, défigurée par toutes les lois municipales du régime impérial, par celles de 1853, de 1855, de 1867. Que reste-t-il de ses 74 articles ? Quels sont ceux de ces articles qui seront appliqués à Paris ? Là-dessus, silence et confusion. Dans les autres communes, le maire fait partie du conseil et y vote avec voix prépondérante en cas de partage. Le préfet, qui le remplace à Paris, est étranger à ce conseil, où il n'a que voix consultative. Dans les autres communes, les maires, selon le cas, se pourvoient auprès du préfet ou du conseil de préfecture. Ici, le maire, le préfet et le conseil de préfecture se confondent.

Prenons un exemple. Il s'agit pour une commune de plaider. Voici la procédure : le conseil municipal délibère et le conseil de préfecture autorise la commune à plaider, s'il y a lieu. Si le conseil de préfecture refuse son autorisation, le maire se pourvoit au conseil d'État. — Transportons ces règles à Paris, en vertu de la loi de 1837. Le conseil municipal délibère. Le préfet portera la délibération au conseil de préfecture, dont il est président, et lui demandera, ou se demandera à lui-même, l'autorisation requise. Si, par impossible, le conseil de préfecture refuse l'autorisation de plaider, le préfet en appellera du conseil qu'il préside au conseil d'État.

Est-ce assez puéril ou assez incohérent ? Voyez cet autre exemple : Dans une foule de cas, la loi de 1837 soumet les délibérations du conseil à l'approbation du préfet. A Paris, le maire étant le préfet, voici ce qui arrivera : ou le préfet approuvera seul les délibérations qu'il doit exécuter comme maire, ce qui serait dérisoire, ou il n'approuvera rien, et alors, abandonnera de lui-même les pouvoirs qui lui sont formellement conférés par la loi ; si bien qu'en soumettant Paris à la loi commune, il restera, par la force des choses, dans l'exception !

Ce n'est pas tout. La loi de 1867 a donné aux maires un pouvoir étrange : elle leur a permis, en manifestant un avis contraire à celui du conseil municipal, de remettre la solution des difficultés à l'arbitrage ou plutôt à l'arbitraire du préfet. Par là, elle a annulé le pouvoir de tous les conseils munici-paux en France. Cet artifice, la loi de 1867 l'a appliqué à Paris, où le préfet, en émettant un avis opposé à celui du conseil, pourrait, dans l'état actuel des choses, remettre les délibérations à la discrétion du pouvoir exécutif.

Il résulterait d'ailleurs de cet amalgame une singulière conséquence : nous l'avons dit, le conseil municipal de Paris est en même temps le conseil général du département de la Seine. Lorsqu'il fonctionne comme conseil général, le conseil municipal est régi par la loi de 1866 sur les conseils généraux, et alors il est affranchi du contrôle du préfet et du conseil de préfecture. Certaines de ses décisions sont même souveraines et s'exécutent de plein droit. D'autres sont soumises à l'approbation du pouvoir exécutif. On se demande comment les mêmes hommes s'occupant des choses de la ville perdraient tout à coup leur pouvoir et leur capacité, et retomberaient, pour ces choses seulement, sous la tutelle du préfet et du conseil de préfecture !

Du moment où le préfet et le maire se confondent à Paris, il faut éliminer le contrôle du préfet. Du moment où le préfet fait partie du conseil de préfecture, il faut supprimer le contrôle de ce conseil et ne laisser subsister au-dessus des délibérations de l'Hôtel de Ville, que le contrôle du conseil d'État. Il faut, en un mot, que le conseil municipal, qui remplit les fonctions du conseil général, soit organisé sur les bases de ce conseil pour les affaires de la ville.

Cela fait, on doit à la population de Paris, non-seulement une loi libérale, mais une loi claire qui dise ouvertement ce que c'est que le conseil municipal, quels sont ses droits et ses devoirs, quels sont ceux du préfet qui est chargé de faire exé-

cuter ses délibérations, quels sont encore et surtout les droits
des habitants. Il est impossible que deux millions de citoyens
soient régis par des lois qu'il ne connaissent pas, et, aujour-
d'hui, pas un Parisien ne sait les règles qui le gouvernent.
Pourquoi donc la vie municipale est-elle si intense dans les
autres communes du pays? C'est sans doute parce que là ne
s'est jamais éteint le foyer de la libre administration, mais
c'est aussi, qu'on le sache bien, parce que l'admirable loi de
1837, qui subsiste encore, malgré d'indignes mutilations, a
fixé clairement en toute chose le droit et le devoir, et est devenue le code de tous les citoyens. C'est ce code qu'est en droit
de réclamer la population qui, ignorant ses affaires, a laissé
accomplir sous ses yeux l'effroyable gaspillage qui est à
réparer.

Nous nous résumons donc, en ce qui concerne les attributions du corps municipal de Paris, de la manière suivante :

1º Le conseil municipal de Paris, organisé sur les bases du
conseil général, dont il remplit les fonctions, ne sera soumis
ni au contrôle du préfet ni à celui du conseil de préfecture.
Les délibérations qui ne seront point exécutoires de plein
droit, seront soumises à l'approbation du conseil d'État.

2º La loi énoncera clairement et complétement les attribu-
butions du conseil municipal, du préfet de la Seine, du préfet
de police, des maires et adjoints de Paris.

3º Elle fixera en même temps les voies et moyens de
recours, tant contre les décisions du conseil municipal que
contre les actes du préfet de la Seine, des autres administrateurs et du préfet de police.

DISCOURS SUR LA COMMUNE

PRONONCÉ

AU CLUB DE LA PORTE-SAINT-MARTIN LE 20 OCTOBRE 1870

A cette date, la question de la Commune était vivement agitée dans les clubs de Paris.

Un orateur ayant proposé l'établissement de la Commune à la place du Gouvernement de la défense nationale, M. Le Berquier combattit la motion dans le discours suivant, dont l'impression fut votée par l'assemblée.

M. Desmarest, *président*. Le citoyen Le Berquier a la parole.

« Citoyens,

« Je viens à mon tour vous parler de la commune de Paris, et je vous demande la permission de me renfermer dans le sujet.

« Ce qu'il y a de pire au monde, c'est la confusion dans les mots, parce qu'elle amène invinciblement la confusion dans les choses. Voyez, citoyens, ce que c'est que le mot *commune*, prononcé ici ou là : La commune de Versailles, la commune de Rouen, la commune de Marseille, ne troublent personne ; mais la commune de Paris ! c'est bien différent. Pourquoi ?

C'est parce qu'il y a du sang sur ce mot-là. *(Rumeurs en sens divers.)* Entendez-moi, je vous apporte le tribut de mes convictions personnelles et de mes études. Qu'est-ce donc que la commune de Paris? Quel rôle a-t-elle joué dans notre histoire? Nous n'aimons pas les coups d'État, citoyens, et nous avons pour cela de bonnes raisons. Mais comment a débuté la Commune de Paris? Par un horrible coup d'État. Il y avait deux années qu'un conseil municipal librement élu fonctionnait librement à l'Hôtel de Ville; il avait un caractère respectable celui-là, il procédait de l'Assemblée constituante. Un certain jour, le 10 août 1792, une poignée d'hommes armés se rend à l'Hôtel de Ville, elle en chasse le conseil municipal; et remarquez bien ceci : ces hommes, —il faut leur tenir compte de leur courage, car ce qu'ils ont fait ils l'ont dit, ils sont allés plus loin, ils l'ont écrit, — ces hommes, si vous voulez faire une recherche à l'Hôtel de Ville, vous y trouverez la délibération qu'ils ont prise, et dans laquelle ils constatent eux-mêmes que, voulant procéder par des voies révolutionnaires et s'écarter des formes légales que la commune émanant de l'Assemblée constituante est obligée d'observer, ils abolissent le conseil municipal, et cela, disent-ils, pour sauver la chose publique! Eh bien! citoyens, cette Commune de Paris, qui s'est ainsi violemment emparée de l'Hôtel de Ville, qui a débuté par un coup d'État, croyez-vous sincèrement qu'elle se soit occupée des choses de la ville? Prenez les registres des délibérations, et vous verrez qu'il y a là une immense lacune. Est-ce au moins pour rassurer les habitants que cette Commune est venue chasser le conseil municipal? Non, non! ç'a été pour troubler la cité, pour épouvanter les citoyens, pour dresser des listes de proscription et terrifier la France! *(Applaudissements.)*

« Et puisque j'en suis aux registres, aux papiers de la commune, — je vous en parle, citoyens, parce que je les ai vus et ce que je vais vous dire je le sais, — ces registres, ces papiers, parcourons-les, arrêtons nos regards sur ces pages où sont des taches aujourd'hui jaunies par le temps. D'où

viennent-elles ces taches? Elles viennent de la main sanglante
du bourreau donnant l'acquit de son ignoble salaire. La voilà
la Commune de Paris ! *(Applaudissements.)*

Est-ce là, est-ce cette Commune que vous voulez? *(Bruit.)*

Quelques voix. — Non ! non !

M. Le Berquier. — Permettez, je sais ce que j'ai à dire et
ce que je dois dire... Laissez-moi parler, je vous en prie. Ce
n'est pas cela qu'on veut sans doute, et je le comprends ; mais
quand la confusion existe, quand un pouvoir usurpateur s'ins-
talle ici ou là, il reste usurpateur ; et vous ne ferez pas qu'une
commune insurrectionnelle arrivant à l'Hôtel de Ville, et ne
s'occupant pas exclusivement des choses de la Ville, ne devienne demain un pouvoir dangereux. Eh bien ! si vous ne
voulez pas de cette commune-là, vous voulez évidemment une
commune qui soit la représentation de nos intérêts à tous
(Plusieurs voix : Oui ! oui !), et qui s'occupe, de quoi? Ah !
permettez, je vais vous le dire. Dans toutes les communes de
France, depuis la plus chétive jusqu'à la plus grande, il y a
un conseil municipal organisé, et qui délibère sur les choses
de l'Etat? — jamais ; — sur les choses de la cité, de la ville
ou du village? — toujours. Ce qu'il faut à Paris comme ailleurs, c'est un conseil municipal qui ne sorte pas de ses attributions, de ses pouvoirs ; qui ne transporte pas à l'Hôtel de
Ville le gouvernement, qui ne transforme pas l'Hôtel de Ville
en une sorte de Corps législatif ; qui s'occupe exclusivement
des intérêts de la cité ; et pourquoi cela? Parce que, avec cette
usurpation de la commune, vous détruisez l'équilibre des pouvoirs ; parce que vous créez une dictature et un despotisme, la
pire des dictatures et le pire des despotismes. *(Applaudissements.)*

Un citoyen — Je demande la parole.

M. Le Berquier. — Je disais en commençant qu'il n'y
avait rien de plus dangereux que la confusion dans les mots.
Eh bien ! c'est une confusion que l'on fait et que l'on fait toujours quand on parle de la Commune. Êtes-vous pour la Com-

mune révolutionnaire? Dites-le ouvertement. Mais alors ne nous parlez pas d'élections. Faites comme en 1792 : agissez par un coup d'État et par la violence. Dites-nous également que vous voulez sauver la chose publique, et nous serons fixés. Mais, encore un coup, ne parlez pas d'élections, car vous ne pouvez pas sérieusement, loyalement, demander à des élections municipales une Commune révolutionnaire. Voulez-vous dire, au contraire, que vous entendez délibérer sur les choses de la Ville, vous n'épouvanterez plus personne. Mais alors, si telle est votre intention, dites-le encore, et faites-nous grâce de manifestations derrière lesquelles il y a une confusion périlleuse. Si vous entendez vous occuper des choses qui sont de l'intérêt de tous, mais c'est le plus grand de tous les services que vous voulez nous rendre ; vous voulez que nous ayons une commune élective, que l'ordre renaisse dans nos finances, dans nos affaires? C'est là ce que, nous aussi, nous demandons. Mais, citoyens, s'il en est ainsi, je proposerai que l'on substitue aux manifestations de la place publique d'autres manifestations, des manifestations comme celle-ci, par exemple, où chacun viendra exprimer son opinion avec courage, avec conviction, avec énergie, et demandera le triomphe de cette opinion à la force de la raison, et non à la force des baïonnettes. *(Applaudissements.)*

Un citoyen. — Je demande la parole.

M. Le Berquier. — Et puisque nous sommes sur ce sujet, voulez-vous me permettre d'ajouter quelques mots? Je serai très-court, et ne tracerai pas de programme ; je me bornerai à vous dire ceci, que nous sommes vraiment, à l'heure qu'il est, dans une situation exceptionnelle, situation qui nous a été faite par les nécessités de la défense, — et c'est ainsi, comme le disait à l'instant même avec tant de raison M. de Pressensé, que ce sujet se rattache à la défense nationale. — Or, savez-vous le phénomène étrange, inouï, qui se produit en ce moment et qui est tel, que si nous pouvons faire qu'il se perpétue et qu'il devienne un fait de notre vie ordinaire, nous aurons recueilli de la crise que nous traversons le plus grand de tous les bienfaits ?

Quel est donc, citoyens, le régime qui nous oppresse à Paris ? — Tous ici nous sommes Parisiens, nous pouvons donc nous faire nos petites confidences ; nous sommes nés à Paris ou nous sommes venus à Paris, mais enfin nous vivons à Paris et nous savons ce qui s'y passe. — Eh bien ! ce qui est frappant, ce qui est navrant, c'est le profond isolement où nous vivons, je dis l'isolement, car c'est à peine si l'on se connaît de porte à porte. Et le temps ne fait rien à la chose : après vingt années, après trente années de séjour, nous subissons le même isolement, nous restons dans le même vide. Chacun chez soi, chacun pour soi, telle paraît être la triste loi de la société parisienne. En vérité, mais c'est le système de Mazas appliqué à la vie municipale. *(Applaudissements.)*

Et d'où cela vient-il, citoyens ? Est-ce que nous sommes des loups ou des égoïstes ? Non ! et si je dis que le Parisien est charmant et de mœurs faciles, je suis convaincu que vous ne me démentirez pas *(On rit)*, et vous ne me démentirez pas, parce que vous êtes charmants et de mœurs faciles. *(Nouveaux rires.)* Mais, remarquez-le : de longue date, et surtout dans ces derniers temps, un très-habile et très-savant despotisme a brisé les liens qui peuvent réunir tous les citoyens et les rapprocher les uns des autres... *(Très-bien !)* Plus de conseil municipal, plus de garde nationale, plus de comités, plus de réunions, plus rien du tout ! On nous a ainsi isolés, parqués, rendus étrangers les uns aux autres ; on nous a condamnés à vivre sur nous-mêmes. Pour chaque devoir public, à côté de nous, à notre place, on a mis un fonctionnaire, j'allais dire un factionnaire *(On rit)* ; et puis, lorsque notre isolement a été complet, bien absolu, bien scellé, bien rivé, lorsque notre anéantissement n'a plus rien laissé à désirer à qui l'avait organisé d'une main si odieusement adroite, alors on nous a dit avec insolence : Vous voulez examiner votre budget ? mais vous êtes des nomades. *(Rires et applaudissements.)* Vous voulez garder le Corps législatif ? Pas du tout, ce sera le gouvernement qui veillera sur lui ; est-ce qu'il ne l'a pas créé et mis au monde ? Vous voulez vous réunir ? pour quoi faire ? pour vous occuper d'œuvres de bienfaisance ? Mais nous avons l'assistance publique, qui est dirigée par des fonctionnaires *(Nouveaux rires)*; nous avons des bureaux de bienfaisance, c'est-à-dire la bienfaisance administrée par des bureaux *(Rires et applaudissements)*; et comme ce sont des bureaux, entendez-le bien, c'est nous, gouvernement, qui en nommons les membres. Et puis, n'y touchez pas ; si vous avez à vous plaindre, si vous avez à poursuivre ces personnages devenus des fonctionnaires au petit pied, vous irez chercher l'autorisation du conseil d'Etat. *(Nouveaux rires, bravos prolongés.)*

Voilà, citoyens, ou l'on nous a réduits. Mais un jour, cette grande cité, cette fourmilière d'égoïstes et de nomades, s'est trouvée en présence d'un péril immense, du plus grand péril qui puisse menacer un peuple : à ses portes elle avait l'ennemi. Tout à coup vous avez vu disparaître les fonctions et les fonctionnaires *(Applaudissements et rires)*, et pour la centième fois il a été démontré que si, dans les temps ordinaires, les fonctionnaires ne servent pas toujours à grand'chose, dans les temps difficiles ils ne servent absolument à rien. *(Vifs applaudissements.)* Alors, citoyens, nous nous sommes trouvés en présence de nos devoirs, de tous nos devoirs, à commencer — ce qui torture le cœur et ce qui est horrible — à commencer par la défense du foyer, par la défense de la famille, par la défense des nôtres, car tout, tout est menacé. Ah ! la connaissance a été rapidement faite. Entre nous tous, plus d'épaisses murailles, mais un simple canon de fusil. *(Applaudissements.)* A cette heure je dis que la connaissance est faite. Pour la première fois, je l'avoue à ma honte, pour la première fois j'ai su les noms de tous les habitants de ma maison *(On rit.)* Je n'affirmerais pas qu'ils ne me fussent un peu suspects, et voilà que j'ai trouvé en eux, non-seulement d'honnêtes gens, mais d'excellents citoyens. Je dis que la connaissance est faite, car dans cette vaste enceinte où nous sommes réunis, nous avons déjà peut-être quelques sympathies les uns pour les autres, et entre nous il n'y a même pas un simple canon de fusil. *(Applaudissements.)*

Merci donc à la défense nationale, puisqu'elle nous a valu ce bienfait, qui est immense, immense, et pourquoi ? Parce que en ce moment, étant réunis aux remparts et ici, ailleurs encore, rien ne nous empêche de nous occuper de nos affaires et d'en parler, de parler de notre budget municipal, de parler de notre caisse municipale, pour savoir non pas ce que nous avons, mais ce qui nous manque *(vifs applaudissements)* ; car là, citoyens, je veux dire à l'Hôtel de Ville, ne vous y trompez pas, là aussi il manque beaucoup de choses ; là aussi les budgets sont à vérifier depuis longtemps, depuis très-longtemps ! Qui donc connaît aujourd'hui cette obscure comptabilité ? C'est un bienfait immense, je le répète, que celui qui nous a rapprochés dans cette terrible nécessité. Mais ne nous faisons pas d'illusions, nous avons de grands comptes à régler ; je ne parle pas de celui des Prussiens, celui-là est à courte échéance, et la dette nous pèse. *(Plusieurs salves d'applaudissements.)* Je parle des comptes de la Ville de Paris, et pour ceux-là, citoyens, je vous en réponds, il vous faudra de très-bons calculateurs, je veux dire d'excellents conseillers municipaux.

Si vous êtes de mon avis, à ces hommes-là, lorsque nous aurons à les choisir, — et ce n'est pas le moment, il nous faut du calme pour cela, — lorsque le moment sera venu de les choisir, nous ne leur demanderons de s'occuper que des choses qui les regardent, c'est-à-dire de l'administration pure et simple de la Ville. Si nous avons des leçons à donner au pouvoir, et nous en aurons toujours *(rires)*, nous les ferons entendre là seulement où elles doivent être entendues, dans les élections législatives, à la chambre, dans la presse. Mais nous essayerons de faire que la liberté municipale reste la liberté municipale ; que l'Hôtel de Ville ne soit ni le Corps législatif ni les Tuileries ; nous ferons en sorte qu'il demeure, non le parloir aux bourgeois, comme on l'a dit autrefois, — l'expression a vieilli, — mais la maison de tous les citoyens, je me trompe encore, la maison de tous les habitants. Et si par là nous arrivons à réduire nos taxes municipales, nos octrois, nos contributions, nos loyers même ; si nous parvenons à lire couramment notre budget et à en faire nousmêmes la balance ; si, somme toute, nous faisons de bonnes choses, de grandes choses, car nous sommes la Ville de Paris, eh bien ! nous n'aurons pas sauvé la France, mais nous aurons obtenu de l'Hôtel de Ville tout ce qu'il peut donner, tout ce qu'il doit donner : cet ordre dans ses finances, cette honnêteté dans ses affaires, qui faisaient sourire ses derniers administrateurs, et qui doivent nous trouver soucieux, nous qui avons la carte à payer, la carte d'un festin monstre, qui a tout épuisé en somptueuses prodigalités, et après lequel les habitants de Paris seraient trop heureux s'il leur restait encore quelques miettes à ramasser. *(Applaudissements.)*

Voilà, citoyens, ce que nous aurons à faire, et alors, qui sait ? Il n'est pas impossible que nous arrivions à découvrir qu'il y a peut-être dans chacun de nous l'étoffe d'un excellent fonctionnaire. *(On rit.)* Voilà ce que j'avais à vous dire ; j'ai essayé, dans le court délai qui m'était accordé — et il y a déjà fort longtemps que je parle — de me renfermer dans le sujet. Maintenant je vais conclure, car il faut une conclusion à tout discours.

Il semble donc que la Ville de Paris ait été transformée comme par un coup de baguette ; ce n'est plus la vieille Ville de Paris, c'est une ville nouvelle qui s'est révélée au feu de la défense nationale. Et comme le feu a le don de tout purifier, la ville de l'isolement et de l'égoïsme est devenue la grande ville de la solidarité, disons le mot, bien qu'on en ait trop souvent abusé, de la fraternité *(Applaudissements)* ; oui, fraternité formidable que nul ne soupçonnait il y a quelques mois, et qui est née elle-même d'un péril formidable. Pour moi, je ne sais si je me trompe, mais je vois dans cette solidarité, dans cette fraternité soudaines, non pas seulement le salut de nos armes en face de l'ennemi — j'y vois, dans un avenir prochain, tous les éléments de la plus large, de la plus libérale, de la plus grandiose administration municipale que Paris ait jamais connue. (*Applaudissements*.) Alors, citoyens, chacun de nous, faisant le sacrifice de ses opinions, viendra donner à la Ville, à l'administration municipale, ses forces, son zèle, tout ce qu'il pourra lui apporter de dévouement et d'intelligence. Mais tout cela, entendez-le bien, nous ne le posséderons que si, pendant comme après la guerre, nous savons nous attacher résolûment à la situation qui nous est faite ; que si nous serrons nos rangs ; que si, unis de cœur et d'efforts, nous restons les soldats vigilants, les défenseurs intrépides et infatigables des libertés publiques. (*Longs et bruyants applaudissements*.)

PUBLICATIONS DE L'AUTEUR

AUXQUELLES ONT ÉTÉ EMPRUNTÉS LES DOCUMENTS QUI PRÉCÈDENT.

Administration de la commune de Paris et du département de la Seine, précédé d'une étude historique sur les institutions municipales de la Ville de Paris, 1 vol. in-8°, 1868.

Le Corps municipal, *Traité pratique de l'administration municipale en France,* avec une étude sur l'origine des communes, 1 vol. in-8°, 1868.

Le Code municipal, *Droits et devoirs des conseillers et officiers municipaux,* précédé d'une étude sur la commune et les biens communaux en France, 1 vol. in-18, 1870.

L'Électeur libre, 17 mars 1870.

Le Journal de Paris, 10, 12 et 20 avril 1870.

Revue des Deux-Mondes, 15 avril 1859.

Journal le Droit, avril et mai 1855.

TABLE DES MATIÈRES

Paris-Imp. PAUL DUPONT, 41 rue Jean-Jacques-Rousseau. 890.3.1